GIULIANO CIMINO

Nel Divenire

la poesia non prevede nessuna struttura
preimpostata, puoi inserire qui il testo in
prosa o in versi

Indice dei contenuti

Introduzione

La Poesia Ci Illumina La Vita

*I poeti sono quasi sempre anime solitarie, un po' compli-
cate e poco loquaci. Essi parlano attraverso le poesie
"loro creature" e non hanno bisogno di enfatizzare il
loro messaggio perché sarà chi legge, che può compren-
derlo. Certamente, ognuno a modo suo!*

*Vivere le proprie emozioni ci fa essere diversi, possiamo
sentirci simili, invece, quando una poesia ci può rendere
tristi o ci può allietare. Perché "la loro missione" è pro-
prio questa: farci stare "connessi" con il mondo. E' un
termine attuale oggi, ma non c'è nulla di più vero, perché
vuol dire essere sempre a Contatto con la vita e tutto ciò
che rappresenta, nel bene e nel male.*

*Non c'è niente di negativo e di complicato in una Poesia
nella sua musicalità, nei suoi significati nascosti trovia-
mo invece tanta armonia e tanta profondità.*

*Solo osservando un cielo all'alba o un mare al tramonto
ci possiamo sentire così tanto appagati, e sorprenderci
per le piccole cose o per pochi versi. Quindi leggiamo con*

*trasporto ogni piccola poesia perché solo così ci sentire-
mo migliori.*
Buona Lettura

Dottoressa Daniela Costantino.

Semi Di Petali

29 Luglio 2017

La ribellione dei tuoi occhi selvatici
Sputa fuori umori di fiori frenetici

Pienezza

30 agosto 2017

L'essenza della tua bellezza
È l'esplosione delle mie molecole
Il terremoto che la terra sente a nuoto
L'assenza di ogni certezza

Sta Arrivando Settembre

30 agosto 2017

Sta arrivando settembre
Nel suo scintillare di cielo pulito
Pienissimo di stelle
Baciate dal mare
Dove va ad affogare
Un'altra lucente estate
Radiosa di lucciole e cicale

Sogni E Tempo

2 settembre 2017

A vent'anni vivi di sogni
E sogni vivendo
Verso i trenta vivi di sogni
Ma non sogni ridendo
A trenta ridi dei sogni
O vivi dei sogni che stan morendo

Le Tue Pupille

16 settembre 2017

Vorrei fare con le tue pupille
Una Macedonia erotica
Perché è assoluta e atomica
La dinamite che mi implica
In ogni cellula del mio cosmo
Effetto big bang nella mia parte di mondo
Spogliami e incantami bellezza ellenica
Vorrei te nelle mie scintille

Traffici Onirici

25 settembre 2017

Intersezioni di caos in traffici
Onirici, la mia mano segue
il flusso del suo treno
In mezzo a sillabe e sillogismi
Dogmi e altri paradigmi
Che sveleranno e spoglieranno
Solo la tua anima e i tuoi occhi

L'Attività Estetica

27 settembre 2017

L'attività estetica
Si radica con manualità algebrica
Con suffisso aristotelico
E si cerca con spasmodica irruente
Fissità ellenica

La Genesi

20 ottobre 2017

Nel tuo sguardo primordiale
La mia poesia
Ti libera dal male

Blanc Et Noir

21 ottobre 2017

Amico di pochi
Conoscente di nessuno

Capriola Del Cuore

23 ottobre 2017

Nella notte tra il calore di ogni mia parola
Sciolgo il cuore nel freddo del vento
Corro a portarlo nel tuo dolce intento
A farlo volteggiare
E sfavillare
tra la luna e la sua capriola

Il Tuo Colore

24 ottobre 2017

Perché tu hai il colore
Che cerco nelle mani e non trovo
Nel disegno che sogno
Quel colore che la tela
Prova a comporre
Esausta esaudisce desideri
Da scomporre
Nei meandri di quello che sono

La Bellezza

25 ottobre 2017

Scova la bellezza intorno
Cerca la bellezza nel mondo o nel pianto
Guarda la bellezza in ogni giorno
Ti sembrerà difficile
Quando sarà quasi impossibile
E se non riuscirai a trovarla
Ricordati che
Esistono i Poeti anche per questo,
per te e per me

(ispirata a Confucio)

Unioni

29 ottobre 2017

Se io sono con te
I lacci diventano abbracci
Quando io sono con te
Intersezioni
Generano armonizzazioni

E la notte ha ancora in mano Venere
E la notte ha la poesia nel cuore
E chiama amore..l'etere

Nostalgie D'Estate

4 novembre 2017

I popoli che hanno paura dei cani
O degli animali
Non rientrano nella mia Treccani

Albe sonore lievi o dissipate
Tra notti d'estate
E nostalgie di venti e tempi

L'Intifada Del Cuore

4 novembre 2017

Ammonisco il solstizio di una lava
E poi zittisco chiedendomi cos'è questa cagnara
Come può essere orgasmo un'intifada [del cuore

E invece era la porta che si schiudeva
E invece è la lanterna che hai negli occhi
E invece sarà la penna di altre nuove e insonni
notti

Essenza

7 novembre 2017

Nella sinopsi dell'essenza
Mischiamo nel mentre la nostra
Finchè io non mi sentirò stanco
Finchè tu non ti sentirai stanca

Magnetismi

8 novembre 2017

Nel tuo continente
Sconfinatamente
Lontano dal mio
Non riesco a non avere
Una magnetizzante azione
Che pare non governi io

Nei continenti dei tuoi occhi
Voglio prendere casa
E lasciarci le notti

Gomitoli Rossi

8 novembre 2017

Come gomitoli rossi
[impazziti
Il tempo che vaga
E noi genuflessi
A questa saga

Chiamata Destino

Elettrica

9 novembre 2017

E ora che conosci il mio intento
Ti parlo da lontano per toccarti da vicino
Nel grumo di luci che non spengo
Quando mi guardi negli abissi di dove vivo

Scelte

10 novembre 2017

E ti dirò che non farò niente per piacere a te
Che non piaci alla mia trasparenza
Ma darò e farò di tutto per piacere solo a me
E alla mia calda e innata vitrea sostanza

5-Ht

11 novembre 2017

Scorrono le cose dette o fatte
Nascondigli dove posso trovarti
Nei miei nuclei del raphe
Mi regoli i toni,i suoni
E mi guardi

Quiete Inquieta

14 novembre 2017

Tra la quiete e la tempesta
Cosa resta
Se non i miei occhi

Controsensi

15 novembre 2017

Soffro di vertigini ma adoro volare
Sono claustrofobico ma vivo per sognare

Specchi

17 novembre 2017

Amo le correnti in quanto onda
L'altra parte di me sono io
L'altra parte di me sei te
Amo gli orgasmi delle onde,in quanto sabbia

La Fotografia

20 novembre 2017

Voglio essere fotografato
Dai tuoi occhi in ogni mio stato
In ogni secondo di me,
in ogni vampa cromatica
in ogni cellula impazzita o statica
fino alla mia cenere

Oscar Wilde

21 novembre 2017

Vorrei essere come Oscar Wilde
Essere un genio e non dormir mai
Dare tu all'arte e del Voi alla miserevole società
Essere luci dentro la propria oscurità

Visione

21 novembre 2017

La percezione di una imperfezione
Resta precisazione in trasmissione
La tua visione è perfezione
Resta nella mia azione in onde,
frequenze di sbalzi in sobbalzi
io sono Giove tu sei Giunone

Il Natale Dell'Anima

23 novembre 2017

Decoratevi l'anima
Addobbatevi il cuore
Regalate voi stessi,
dare non è ricevere
ma dare a voi stessi
e darvi a qualcuno
è sicuramente la sinossi di "vivere"

Impressionismo

24 novembre 2017

Sei un quadro di Renoir
Con dentro la luce
E tutto il mio amor noir

Le Notti Che Adoro Amare

26 novembre 2017

Primitivo piacere da assaporare
Il tuo miele che adoro gustare
Nel gemito della tua scossa
Che sento nella scossa di un mare
Che lasci affogare
Nelle notti che adoro amare

Il Valore In Più (Che Mi Do)

27 novembre 2017

Nell'andatura delle tue gambe
Possiedo il nostro viaggio
Nel conteggiare dei tuoi passi
Ritrovo il mio tempo

Le Tue Pupille (Parte Seconda)

28 novembre 2017

Si generano universi,
galassie meteore e piogge di stelle
si mescolano pianeti,
costellazioni e maremoti
nelle tue pupille
in molecolari azioni catodiche
tempeste nucleari e sorgenti fotoniche

Spedito In Un Chiaro Di Luna Di Monet

29 novembre 2017

Manchi sottopelle quella umida d'estate,estate
Sotto cieli e geli di nuvole fredde,spente
Mi perdo come un re diesis ancestrale di fortuna
Mi ritrovo in un Monet,spedito in un chiaro di
luna

I Fiori Più Grezzi

29 novembre 2017

Ogni tanto,di quel tanto
Partendo e non arrivando
Mi perdo e me ne rendo conto
Mi sento perso ma mai sconfitto
Nel mezzo dei miei intermezzi
Annusando umori di fiori grezzi

Come Nuvole

dicembre 2017

La prossima volta che passi,
volteggi nelle mie orbite
lasciami l'ossigeno
restituiscimi il respiro
di questo finto ordine
mentre trapassi
come una nuvola

Bugiardino

dicembre 2017

Se mi rapini con il tuo sguardo
Ricorda
Di saccheggiarmi il cuore

Ama

2 dicembre 2017

Non amare chi ti vuole cambiare
Ama chi è disposto a cambiare con te

I Miei Quadri Astrali

3 dicembre 2017

Nella tentazione dei quadri astrali
Rovescio stelle,disordini stellari
Rintraccio un me di ieri,lo tolgo dai fari
Rifaccio l'altro ieri,per dipingere domani

Caos Calmo

4 dicembre 2017

Le farfalle in frigorifero
Le parole nello stomaco
Lampi di comete in albe già iniziate
Il caos calmo fata delle mie fate
Che generi alberi in mare
E i muri fai cantare

Nella Mia Frammentazione

5 dicembre 2017

Nella frammentazione
Cerco e non trovo
Mi cerco e mi trovo
Nel frammento di un'azione
Che ha per fine te
E come inizio me

Dialogo A Una Luna Pazza

6 dicembre 2017

Strilla ricordati che è vita!
Questa Luna non è una santa, è pervertita
Gioca con le mie parole mentre ride
Si infetta e trastulla con le dita
Sente la mia carne nella sua saliva
Sciocca, saggia e impertinente
È gelosa della mia stella lassù in cima
Sogna, lagna ed è invadente
E nella festa di ogni nostra vita vive

Ritratti

6 dicembre 2017

Esco e rientro dentro di me
Più o meno come fa
Oscar in Dorian,Pessoa in Reis,Giuliano in Pif
Odio l'abitudine della mia instabilità
Ritratto vorace e sagace che
Ritrova la sua aurea vitrea vita solo così

Di Acqua Di Me,Di Aria Di Te..

7 dicembre 2017

Nell'intercalare di una sensazione,il tuo sapore
Tra le spine,petali e l'aroma che hai nel sangue
È divampante svenire nel tuo mareggiare

Oceani Ospitali

11 dicembre 2017

Tu che,sciogli l'iceberg della mia tramontana
Io che,confondo le notti con i giorni della settima-
na
Sei il fuoco nell'acqua che sono io
Il cielo nascosto nei fondali
Di oceani ospitali

Senza Dirlo

11 dicembre 2017

Dei miei sospiri
Turbini,saette e castighi
Dei miei respiri
Battiti silenti,diversi giri

Melensi righi
Nei sensi privi

Metodi

13 dicembre 2017

Sei l'ametista in sconfinate notti che non conosco-
no fine
Sei la distanza tra un mio me e
L'anestesia dei battiti, il sapore dei tuoi sorrisi
Lancinante come una fitta sulla psiche
Il rumore del vetro che stride
Il dicembre, nel mentre se la ride

MeTeOra

13 dicembre 2017

Se la tua bocca è la mia sinagoga
Le tue mani sono L'inferno in cui voglio ardere
I tuoi capelli, petali di aroma di una rosa
Con cui mi sciolgo e torno a splendere

Istanti

17 dicembre 2017

I miei pensieri attaccati a te,come colla
Sono morbosi in ogni loro deriva
È il mio astratto sulla riva se non decolla

Magheggi vani rumori sontuosi e sinuosi
Ammicchi al sole chiedendo se resta
Un'istantanea di un istante in più,
tu sei l'amo io sono l'esca

Docet

18 dicembre 2017

Nella poesia amo l'astratto
Nella vita vivo il concreto

Contro Ogni Logica

19 dicembre 2017

Io sento
Nel senso
Che ho dentro
Quel denso
Trascinarmi a te
Contro ogni corrente
Tra le tue rive,aspettami
Bagnerò le tue sponde

Di Viaggi

19 dicembre 2017

È bello partire,
ancor di più tornare

Sei Tutte Le Cose Non Dette

21 dicembre 2017

Smuovi masse di cardiaco terreno
È l'impatto che fa l'escursione
Con l'esplosione del mio veleno
In cosmi,sovvertire,
di cipressi soppressi
in me le tue forme,e il sentire

Nel Tempo

20 dicembre 2017

È del tempo che divampa
E trasuda me
È nel tempo che avanza
E trasborda in te

Chi Sei

23 dicembre 2017

Nella notte che vaghi
Tra cristalli e maschere
Riesco a sbirciare
Chi sei dai tuoi occhi
Riesco a scovarti
Prima che tu ti possa nascondere

Centro Gravitazionale

29 dicembre 2017

Sei il centro nevralgico
Gravitazionale,
che orbiti come l'alcool
fisica quantistica
interazionale

A Mirò

29 dicembre 2017

Sono marchigiano e quindi
Sono italiano,
Sono croato e quindi sono balcanico
Sono figlio del mare e di un marinaio
E quindi non potrò mai non essere Catalano

Colori E Parole

31 dicembre 2017

Vorrei poter far diventare il tuo nero
Bianco
Il tuo rosso
Più acceso del fuoco
E il tuo bianco il mio colore

E lo farò

RINGRAZIAMENTI

A Valentina,
gli occhi che abitano il mio mare.